Les Gloires navales de la France

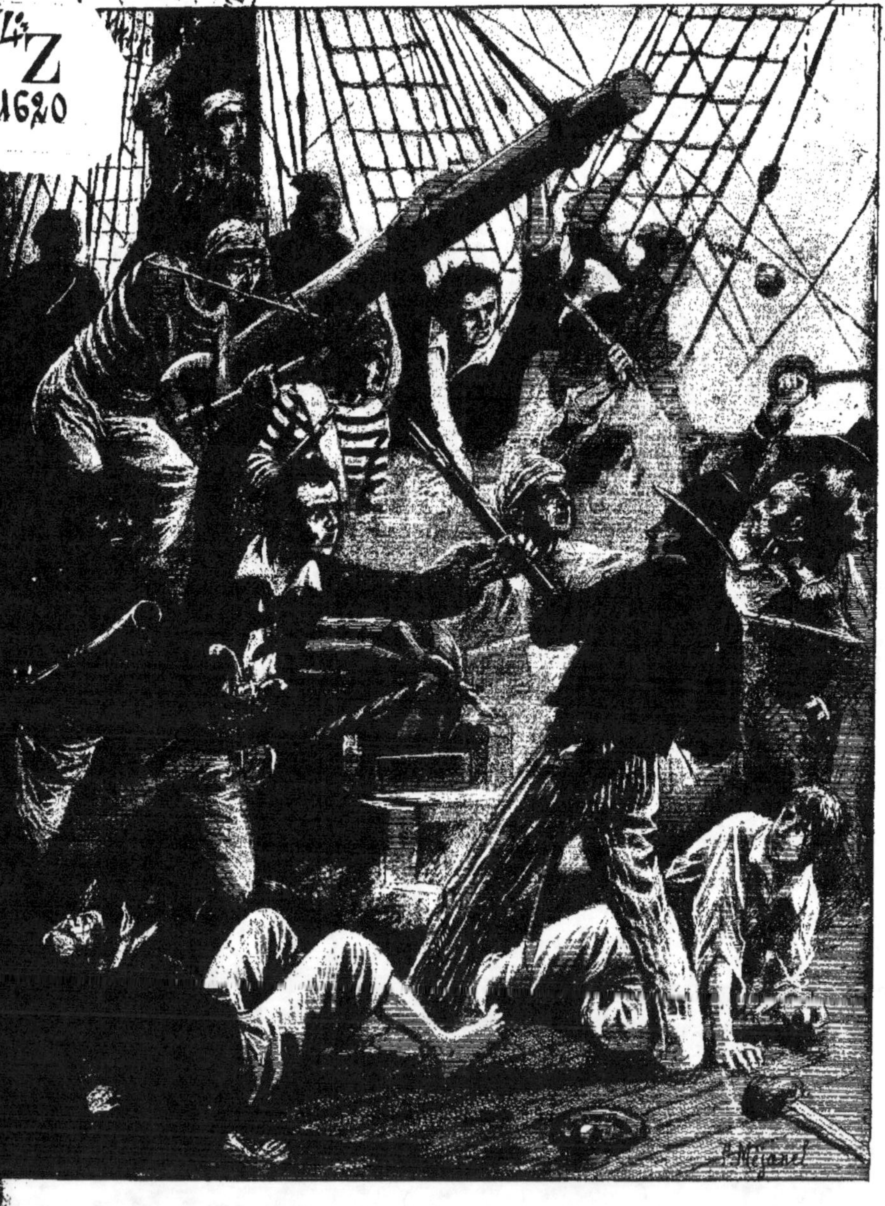

Surcouf enlève à l'abordage le *Kent*, vaisseau anglais (1799).

Collection C. CHARIER.

LES GLOIRES NAVALES DE LA FRANCE

Dupetit-Thouars, les deux jambes emportées, continue le commandement

                    (1798)

Les Gloires navales de la France

Dubourdieu. — « Si tu nous dénonces, tu es mort » (1793).
Collection C. CHARIER.

Le " Vengeur " (1794).

Les Gloires navales de la France

Suffren remonte pendant l'action son pavillon démonté (1782).

Duguay-Trouin somme les Portugais de rendre Rio-Janeiro en 1711.
Collection C. CHARIER.

Les Gloires navales de la France

Forbin enlève à l'abordage un vaisseau anglais de 50 canons (1705).
Collection C. CHARIER.

Les Gloires navales de la France

Jean Bart, pendant l'action, attache au grand mât son fils âgé de 10 ans (1689).
Collection C. CHARIER.

Les Gloires navales de la France

Choiseul sauvé (épisode du bombardement d'Alger par Duquesne en 1682).
Collection C. CHARIER.

Les Gloires navales de la France

Héroïsme de Porcon de la Bardinais en 1681.

Les Gloires navales de la France

Tourville se jette à la mer pendant le naufrage du « Sans-Pareil » (1679).
Collection C. CHARIER.

Les Gloires navales de la France

Jean d'Estrées — Bataille navale dans le port de Tabago (1676).
Collection C. CHARIER.

D'ESTRÉES

D'Estrées est un nom qui fut porté par deux hommes également célèbres. Le premier en date, Jean d'Estrées, fut un général habile avant d'être un audacieux marin. L'autre, le fils, Victor-Marie d'Estrées, ne quitta jamais la marine, qui trouva en lui un esprit cultivé en même temps qu'un vaillant soldat.

Jean d'Estrées, pendant les premières années du règne de Louis XIV, jusqu'à la conclusion de la paix des Pyrénées, servit dans l'armée de terre où il conquit successivement tous les grades de la hiérarchie militaire.

En 1659, il entra dans la marine. L'autorité de son grade de général le recommandait particulièrement à l'attention de Louis XIV; aussi il ne tarda pas à être envoyé avec une escadre en Amérique. L'année suivante, il suivit Duquesne sur les côtes d'Afrique.

En 1671, la France s'étant alliée avec l'Angleterre contre les Provinces-Unies, d'Estrées fut chargé du commandement de la flotte confédérée. Quatre batailles livrées en 1672 et 1673 firent naître entre les deux flottes alliées des soupçons qui nuisirent considérablement au succès de l'expédition. En 1676, d'Estrées fut chargé d'aller seul en Amérique, à la tête d'une escadre de 6 vaisseaux et 3 frégates, combattre les Hollandais. Cette expédition fut la plus heureuse de toutes celles qu'entreprit le vaillant marin. Il débuta par prendre l'île de Cayenne, l'épée à la main. L'année suivante, il cingla vers Tabago où se trouvait l'amiral Binkes, débarqua des troupes pour investir par terre le fort, pendant que lui-même offrit le combat à son adversaire à l'entrée du port. En moins d'un instant, il aborda et enleva le vaisseau du contre-amiral hollandais. D'Estrées fut gravement blessé à cette affaire et ne dut son salut qu'au dévouement d'un garde-marine nommé Bertier. Les pertes des Hollandais furent considérables; de leur escadre il ne resta que deux vaisseaux entièrement désemparés.

D'Estrées rentra en France et cingla de nouveau vers l'île Tabago l'année suivante. En chemin, il enleva aux Hollandais les îles d'Arguin et de Gorée. Le 7 décembre 1677, il arriva devant Tabago dont il s'empara, et fit la garnison prisonnière sans résistance.

En 1678, les 17 vaisseaux qui composaient son escadre firent naufrage sur les rochers des îles d'Aves, où 300 hommes périrent. De 1686 à 1688, il fit la chasse aux pirates de la Méditerranée et bombarda plusieurs fois Tunis et Alger. Ce fut sa dernière expédition.

Victor-Marie d'Estrées, son fils, entra dans la marine en 1678, à l'âge de 18 ans. En 1682 et 1683 il assista, sous Duquesne, au bombardement d'Alger. En 1684, il prit part vaillamment au combat d'Alicante contre le vice-amiral espagnol Papachim. En 1688, il assista au siège de Philippsbourg. En 1690, il reçut le commandement de l'avant-garde de la flotte de Tourville, à la bataille de Beachy-Head, et effectua une descente en Angleterre à Tyngmouth, où il infligea un sanglant échec aux Anglais. Il fit ensuite une campagne dans les États italiens du duc de Savoie et parcourut les côtes d'Espagne. Il battit les Anglais non loin de Gibraltar et empêcha les Espagnols de débarquer à Gênes. En 1694, il fit capituler Barcelone.

En 1704, il prit une part glorieuse à la bataille de Malaga. A partir de 1708, il ne reprit plus la mer : il se consacra et s'abandonna tout entier à ses goûts pour les sciences et pour les lettres. Le maréchal d'Estrées mourut dans sa 77ᵉ année.

ER. RICHA.

C. CHARIER, éditeur à Saumur.

TOURVILLE *(1632-1701)*

Tourville est né le 24 novembre 1642 à Paris. A l'âge de seize ans, il suivit le chevalier d'Hocquincourt dans son expédition contre les pirates barbaresques. Sa réputation de bravoure arriva jusqu'à Louis XIV, qui le nomma capitaine. En 1669, il fut envoyé, sous le commandement du duc de Beaufort, au secours de Candie, assiégée par les Turcs. En 1672, il assista au combat de Southwood-Bay; en 1673, il fut attaqué dans la Manche par la flotte hollandaise qu'il dispersa. En 1675, il suivit Duquesne dans sa campagne de Messine contre les Espagnols et les Hollandais, commandés par Ruyter.

Tourville était un marin consommé, célèbre tacticien autant qu'habile manœuvre. Audacieux et plein de confiance en lui-même, il étonnait par la sûreté de son coup d'œil et la hardiesse de ses entreprises.

En 1679, un jour qu'il montait le *Sans-Pareil*, un des plus beaux vaisseaux de la flotte royale, le navire, démonté par la fureur de la mer, allait s'abîmer dans l'océan. L'eau envahissait la cale et allait atteindre le pont lorsque, prenant un parti décisif, Tourville se mit en mesure de sauver d'abord l'équipage en embarquant les hommes dans un canot et une chaloupe. Ces deux embarcations devaient rejoindre le vaisseau *l'Arc-en-Ciel*, tenu à distance. Resté seul avec quelques officiers, il ne comptait plus que sur le retour de la chaloupe pour le délivrer d'une mort certaine. Un officier et six hommes dans un canot de *l'Arc-en-Ciel* risquèrent d'arracher Tourville et ses compagnons au danger qui les menaçait; mais la mer était tellement déchaînée que leurs efforts pour approcher le *Sans-Pareil* furent inutiles. Quelques minutes, et les flots allaient engloutir ces valeureux marins. Tourville, après avoir engagé ses compagnons à se jeter comme lui à la mer pour gagner le canot, se précipita dans ce gouffre mouvant, trouvant moins périlleux de le faire de son gré que d'y être contraint par la force. Cet acte de courageuse énergie fut son salut; à peine était-il enlevé par le canot sauveur, que le *Sans-Pareil* et les malheureux que l'exemple de Tourville n'avait pu décider à quitter le navire, disparurent au milieu d'une mer en furie.

En 1683, Tourville aida Duquesne dans son expédition contre le dey d'Alger. Il assista en 1684 au bombardement de Gênes et en 1688 à l'expédition contre la Hollande. En 1689, il fut chargé de porter des secours et des munitions en Irlande.

Le 10 août 1690 fut pour Tourville la plus belle journée de sa carrière de marin. C'est à la hauteur de l'île de Wight qu'il rencontra la flotte anglo-hollandaise. Tourville, commandant en chef de l'armée navale, montait le *Soleil-Royal*, suivi de 70 vaisseaux de ligne, cinq frégates, dix-huit brûlots et douze flûtes. Il rencontra la flotte ennemie à quelques milles de la côte anglaise, lui livra un combat et lui fit subir une perte de 15 navires dont 10 furent pris et 5 brûlés. Dans cette bataille, l'amiral français ne perdit pas un seul bâtiment. La victoire fut complète.

Une seconde bataille navale eut lieu, en 1692, contre la flotte anglo-hollandaise, forte de 88 vaisseaux. Tourville partit de Brest avec une escadre moitié moins considérable. La rencontre eut lieu à la hauteur du cap de la Hogue. Tourville, monté sur le *Soleil-Royal* de 106 canons, combina ses dispositions de manière que chacun de ses vaisseaux eût à soutenir le choc de deux adversaires. Malgré des prodiges de sang-froid et de valeur, il éprouva, ce jour-là, un grave échec.

En 1693, il fut nommé maréchal de France, fit une admirable campagne navale, gagna la bataille du cap Saint-Vincent et fit éprouver aux alliés d'énormes pertes.

Après la paix de Ryswick en 1697, Tourville termina sa glorieuse carrière dans la retraite.

Er. Richa.

C. CHARIER, éditeur à Saumur.

PORCON DE LA BARDINAIS

(1639-1681)

Ce vaillant marin naquit à Saint-Malo en 1639.

Les armateurs de sa ville natale faisaient un commerce important avec les ports de la Méditerranée orientale. Ils lui confièrent en 1665 le commandement d'une frégate de 36 canons, dans le but de protéger leur commerce contre les attaques incessantes des pirates barbaresques. Alger était le repaire préféré de ces hardis aventuriers, animés dans leurs expéditions par le triple mobile du fanatisme, de la cupidité et des séductions d'une vie de hasards et de périls. La puissance algérienne imprimait alors la terreur sur toutes les mers. Ses nombreux vaisseaux, montés par de tels hommes, remplissaient ses murs de prisonniers de toutes les nations, réduits aussitôt en esclavage, au profit du dey ou de ses sujets, quand les malheureux captifs ne pouvaient racheter leur liberté à prix d'argent.

Porcon, fatalement, fut amené souvent, dans sa carrière de marin, à lutter contre ces bandits, dans des combats qui rendirent son nom célèbre. Les nombreuses défaites qu'il leur fit essuyer apprirent à le faire redouter de ces terribles adversaires. Aussi comprirent-ils que pour avoir raison de ce vaillant Français il fallait l'amener dans une embûche, où il succomberait sous le nombre.

C'est ce qui arriva enfin en 1681 : Porcon et les siens, après une résistance désespérée, furent enlevés et conduits dans les sombres cachots de la cité algérienne.

Après quelques mois de captivité, quelle ne fut pas la surprise de Porcon de voir un jour qu'on le débarrassait de ses chaînes pour l'amener en présence du dey.

« Mon fils, lui dit ce potentat avec une bienveillance qui n'excluait point la férocité de ses desseins, tu vas partir pour ton pays et porter à ton roi ce traité, que je remets entre tes mains. Tu me le rapporteras toi-même dans trois mois, revêtu du sceau royal de France. Si je ne te revois pas le lendemain de la date fixée pour ton retour, tes compagnons de captivité que je retiens ici seront immédiatement brûlés vifs. Mais j'ai confiance en ton zèle. Il me faut le traité, ta vie ou la leur ; car, en cas d'insuccès, je ferai de ta tête un boulet de canon ! »

Porcon accepta son effrayante mission et gagna Marseille, puis Paris. Il se rendit aussitôt auprès de Colbert, sans lui avouer que sa vie dépendait du succès de ses négociations. Louis XIV refusa les inacceptables propositions du dey. Porcon toujours impassible se retira ; il eut ensuite le courage magnanime de se rendre à Saint-Malo, pour y revoir une dernière fois les siens, et de repartir emportant son terrible secret.

Enfin, il met le pied sur cette terre maudite. A peine a-t-il pénétré dans la Kasbah où l'attend le dey, que par son attitude fière et résolue il défie les regards cruels de la foule.

« Qu'as-tu à nous annoncer ? dit le dey avec une curiosité farouche.

— J'ai à vous apprendre que mon roi dédaigne vos propositions. Me voilà ! J'ai tenu ma parole pour sauver mes compagnons du supplice ; faites de moi ce qu'il vous plaira ; un Français ne craint pas la mort. »

Le dey, rendu furieux par ce fier langage, ordonne qu'on emmène ce brave marin qui, séance tenante, est exécuté en présence d'une foule en délire.

Er. Richa.

DUQUESNE *(1610-1688)*

Duquesne est un des plus grands hommes de mer que la France ait produits. De 1635, date à laquelle il s'embarqua pour la première fois sur un bâtiment de guerre, jusqu'à la paix des Pyrénées en 1659, sa vie fut marquée par une série d'exploits accomplis presque exclusivement contre la flotte espagnole.

Après la mort de Richelieu, la marine avait été très négligée. Colbert entreprit de la faire revivre ; et la France put mettre en ligne une armée navale capable de lutter contre la marine hollandaise, lorsque la guerre vint éclater entre les deux nations. Duquesne allait enfin, dans plusieurs batailles mémorables, se mesurer avec le célèbre amiral Ruyter, commandant la flotte des Provinces-Unies.

La fortune maritime de Duquesne date de cette époque. Sa campagne de Messine et son expédition contre le dey d'Alger resteront ses plus beaux titres de gloire.

En 1675, Messine s'était en effet soulevée contre les Espagnols avec une partie de la Sicile. Louis XIV résolut de soutenir l'insurrection en y envoyant, sous les ordres de Duquesne, une escadre composée de 20 vaisseaux et de 6 brûlots. Ruyter venait de rentrer dans la Méditerranée pour y opérer de concert avec l'armée navale espagnole, lorsque Duquesne rencontra enfin le célèbre amiral hollandais, le 7 janvier 1676, aux environs de l'île de Stromboli. A neuf heures du matin, la flotte française engagea le feu qui dura jusqu'au soir. Ruyter ne put barrer le passage à Duquesne, qui entra triomphalement à Messine le lendemain matin. Ce vaillant marin, après s'être renforcé, sortit du port pour favoriser l'arrivée de nouveaux convois. Mais Ruyter, de concert avec don Francisco Freyre de la Cerda, alla au-devant de son redoutable adversaire. et, le 22 avril, le feu recommença avec le même acharnement. Les deux vaisseaux-amiraux s'étant rencontrés, une lutte meurtrière et implacable s'engagea entre eux, lorsque soudain le vaisseau que montait Ruyter vira de bord et se mit en pleine retraite. Le vaillant amiral hollandais était lui-même mortellement atteint. Cette grande victoire consacra définitivement la renommée maritime de Duquesne.

Le 31 mai, une nouvelle rencontre fut encore plus décisive : douze vaisseaux espagnols et hollandais furent incendiés en vue de Palerme par les brûlots de Duquesne. La paix de Nimègue clôtura les hostilités.

En 1682, Louis XIV le chargea d'aller réprimer jusque dans Alger, leur principal repaire, les pirates barbaresques qui infestaient la Méditerranée. Pour la première fois on essaya les fameuses galiotes à bombes, inventées par Petit-Renau pour le bombardement de cette ville. Le succès fut complet ; mais la saison ayant contraint Duquesne d'aller hiverner à Toulon, il ne reparut qu'au mois de juin de l'année suivante. Les bombes causèrent un si épouvantable dégât que la population tout entière se souleva et força le dey à implorer la clémence du vainqueur. Duquesne, avant d'entrer dans aucun arrangement, exigea qu'on lui rendît tous les captifs. Le dey demanda à traiter, lorsque, sur ces entrefaites, il fut assassiné. Son successeur Mezzo-Morto, homme d'un tempérament féroce et cruel, rouvrit aussitôt les hostilités, et Duquesne fit entendre de nouveau ses redoutables mortiers. Le peuple, exaspéré par un bombardement désastreux, se vengea par d'horribles exécutions sur les captifs.

Au milieu de ces atrocités vient pourtant s'encadrer un trait de magnanime courage : un officier français, M. de Choiseul, capturé deux jours auparavant dans une ronde de nuit, venait d'être attaché à la bouche d'un canon, lorsqu'un capitaine de corsaire, qui autrefois avait été son prisonnier et qui avait été de sa part l'objet de procédés généreux. traverse la foule, le proclame son bienfaiteur et demande sa vie. Mezzo-Morto demeure inflexible et commande le feu. Alors le corsaire, saisissant Choiseul, le couvre de son corps : « Eh bien ! tire, canonnier, crie-t-il ; puisque je ne puis sauver mon bienfaiteur, je mourrai avec lui ! » Mezzo-Morto fut alors touché de ce sublime dévouement et Choiseul échappa à la mort.

Duquesne continua le bombardement jusqu'à ce que les bombes vinrent à manquer. Il partit alors pour Toulon, laissant quelques navires sous les ordres de Tourville qui parvint à conclure un traité de paix.

L'année suivante, Duquesne fut chargé d'aller bombarder la ville de Gênes. Cette expédition fut la dernière du vaillant marin ; il mourut le 2 février 1688.

Er. Richa.

Ç. CHARIER, éditeur Saumur.

JEAN BART *(1650-1702)*

Cet illustre marin, qui est resté le plus populaire de tous les hommes de mer, est né à Dunkerque en 1650. Jean Bart fut un de ces vaillants corsaires comme Dunkerque en a fourni en si grand nombre dans toutes nos guerres maritimes. Embarqué à l'âge de 12 ans, il revint, quelques années plus tard, second maître à bord d'un navire chargé de surveiller les mouvements des Anglais dans la Manche.

Après avoir servi quelques années dans la marine hollandaise sous Ruyter, il revint en France en 1672, au moment où la guerre éclatait entre la Hollande et la France.

Ce fut alors qu'il inaugura sa carrière de corsaire. Bientôt il devint la terreur de tous les armateurs ennemis. En 1679, Louis XIV le nomma lieutenant de vaisseau dans la marine royale. Colbert quelque temps après lui donna le commandement de plusieurs frégates pour aller croiser contre les pirates de Salé. Il remplit d'ailleurs cette mission avec le plus grand succès. Lorsque la guerre se ralluma entre l'Espagne et la France en 1683, il fit de brillantes croisières dans la Méditerranée, ce qui lui valut le grade de capitaine de frégate.

A cette époque, sa renommée était si bien consacrée que, lorsqu'il s'agissait de quelque expédition aventureuse et téméraire, on choisissait de préférence l'intrépide marin.

En 1689, Jean Bart ayant été chargé de transporter un chargement de poudre et de munitions de Calais à Brest, eut à soutenir contre les Anglais de violents combats. On raconte que pendant un de ces engagements, ayant vu son fils âgé de dix ans pâlir à ses côtés aux premières décharges du canon, le rude marin le fit attacher au grand mât et l'y laissa jusqu'à la fin de l'action. On vit dans ce fait un peu brutal le souci d'habituer son fils aux terribles émotions de la guerre, et un moyen de stimuler ses matelots par un exemple de sacrifice au devoir militaire en même temps que d'abnégation.

Un jour, blessé dans un furieux combat contre deux vaisseaux anglais, il fut emmené prisonnier à Plymouth, d'où il ne tarda pas à s'échapper et à revenir en France.

En 1690, il contribua à de nombreuses opérations dans la Manche. Une fois, il se trouva bloqué dans la rade de Dunkerque, avec 7 frégates et 1 brûlot, par 40 navires anglais, ce qui ne l'empêcha pas d'en sortir en enlevant quatre d'entre eux. Peu de temps après, il fit une descente en Angleterre, détruisit le faubourg d'une ville et revint à Dunkerque chargé de prises. Il repartit bientôt avec 8 vaisseaux de son escadre, parcourut les mers du Nord, dispersa la flotte batave, et captura 16 vaisseaux marchands.

En 1693, Jean Bart prit part à la brillante bataille de Lagos ; puis, à la tête de six frégates, il ramena à Dunkerque 100 navires chargés de blé, après avoir engagé un terrible combat avec les escadres anglaises et hollandaises qui lui barraient la route.

En 1696, il renouvela ses exploits de la mer du Nord ; on dit même qu'il faillit prendre en mer le roi Guillaume d'Orange.

L'année suivante, en 1697, on lui confia la mission de conduire à Dantzig le prince de Conti. Il fallait traverser une mer infestée d'ennemis. Arrivé vers l'embouchure de la Meuse, il rencontra 9 gros vaisseaux, auxquels il échappa. Le danger passé, le prince lui dit : « A la moindre attaque nous étions pris. — Jamais, répondit Jean Bart ; nous aurions tous sauté : mon fils était à la sainte-barbe avec ordre de mettre le feu au premier signal. » Le prince épouvanté répliqua : « Le remède est pire que le mal ; je vous défends de vous en servir, tant que je serai sur votre vaisseau. »

La paix de Ryswick, signée en cette même année, vint mettre un terme aux hostilités. Le glorieux marin se reposa pour la première fois de sa vie. Il vivait en paix à Dunkerque au milieu de sa famille, lorsqu'il mourut le 27 avril 1702.

ER. RICHA.

C. CHARIER, éditeur Saumur.

FORBIN *(1656-1733)*

Forbin est né en 1656 à Gardanne, près d'Aix en Provence. Ce ne fut qu'en 1675 qu'il entra dans la marine. Il servit d'abord dans l'escadre du fameux Valbelle, et fit la campagne de Messine que Duquesne rendit célèbre. En 1677, Forbin fut nommé enseigne de vaisseau. En 1680, il suivit le vice-amiral d'Estrées dans une expédition sur les côtes de l'Amérique centrale. Quelques années plus tard, en 1682 et 1683, il se fit remarquer de Duquesne devant Alger; sa bravoure et son intrépidité lui valurent le grade de lieutenant de vaisseau. En 1685, le chevalier de Chaumont, envoyé au roi de Siam comme ambassadeur par Louis XIV, s'adjoignit Forbin qui avait la réputation d'un homme de valeur. Le roi Noh-Ro-Dom retint Forbin à sa cour dont il le fit grand dignitaire en lui donnant le double titre de général et d'amiral. Son séjour dura trois ans, au bout desquels il revint en France, rapportant toute une série d'études très complètes sur les mœurs des habitants et les ressources de ces contrées. En 1689, il reçut le commandement d'une frégate de 16 canons, et fut chargé, sous les ordres de Jean Bart, d'escorter un convoi dans la Manche; mais il fut rencontré par l'escadre anglaise, d'une force très supérieure; en sorte qu'après une résistance désespérée, les deux marins furent conduits à Plymouth en Angleterre, d'où ils ne tardèrent pas à s'évader. Dans la même année, il revint, sur une frégate, excellente voilière, faire la chasse aux navires de commerce anglais et fit de nombreuses prises. En 1690, il prit part à la bataille de Bévezicrs sous les ordres de Tourville. Il se retrouva d'ailleurs, sous le même chef, deux ans plus tard, à la trop fameuse bataille de la Hogue, où il fut grièvement blessé au genou. Forbin fit ensuite, sous les ordres de Jean Bart, cette célèbre campagne des mers du Nord pendant laquelle le commerce de l'Angleterre et des Provinces-Unies eut tant à souffrir des prises nombreuses effectuées par ces intrépides marins. En 1693, il assista au combat de Lagos, puis alla croiser dans la Méditerranée. En 1697, il accompagna d'Estrées dans son expédition de Catalogne.

La plus belle campagne de Forbin fut celle qu'il accomplit dans l'Adriatique, pendant la guerre de Succession d'Espagne. Abandonné presque à ses seules ressources, il soutint, malgré tout, l'honneur un instant compromis par le relâchement de la fin du règne de Louis XIV. Il répandit la terreur dans toute l'Adriatique, brûla Trieste et détruisit tous les bâtiments autrichiens. Pourtant il ne disposait que de trois petites frégates. Dans ces parages et sur les côtes d'Italie, on ne parlait que des prouesses de Forbin; les marins priaient Dieu de ne pas rencontrer le terrible chevalier. Un jour, dans le port de Venise, avec ses simples chaloupes, il enleva à l'abordage un énorme vaisseau anglais de 50 canons et y mit le feu. En 1705 et 1707, il détruisit près de 200 bâtiments anglais et hollandais. Il fit ensuite une brillante campagne dans la mer Blanche. En 1708, il fut chargé de conduire à Edimbourg le chevalier de Saint-Georges, prétendant au trône d'Angleterre. Cette expédition n'ayant pas eu de succès, on en fit retomber injustement la responsabilité sur Forbin qui, très mécontent, se retira à Toulon, où il vécut dans la retraite. Il mourut à Saint-Marcel, près de Marseille, à l'âge de 77 ans.

Er. Richa.

DUGUAY-TROUIN *(1673-1736)*

Duguay-Trouin, né à Saint-Malo le 19 juin 1673, a laissé dans les annales de la marine un souvenir impérissable. Il appartenait à une famille de marins. Son père lui-même était à la fois capitaine de vaisseau et armateur. Duguay-Trouin, qu'on appelait alors à Saint-Malo le petit René, s'engagea à l'âge de 16 ans, comme volontaire, sur le corsaire *la Trinité*. Cette première campagne ne fit qu'accentuer ses goûts pour la marine. En 1691, il livra un combat sanglant aux Anglais, auxquels il prit 3 vaisseaux dans la baie de Bantry. Dans la même année, on lui confia le commandement d'une petite frégate de 14 canons et il s'en alla ravager les côtes d'Islande. En 1692, il appareilla de Saint-Malo avec deux frégates et rencontra le 22 juin, à la hauteur du cap de Cornouailles, trente bâtiments marchands anglais, escortés de deux frégates de 16 canons, dont il s'empara.

Ses exploits attirèrent enfin l'attention de Louis XIV ; il entra alors dans la marine royale.

C'est en 1694 que Duguay-Trouin, sur la frégate *la Diligente*, de 40 canons et de 250 hommes d'équipage, tomba au milieu d'une escadre anglaise de six vaisseaux de guerre. Le héros malouin, malgré l'infériorité de son armement, soutint le combat pendant douze heures, lorsque, privé de presque tout son équipage, prêt à couler bas, blessé lui-même d'un boulet, il amena son pavillon. Emmené en Angleterre, il fut conduit à Plymouth et jeté dans une prison, d'où il ne tarda pas à s'évader.

Il serait difficile d'énumérer les nombreuses actions d'éclat de Duguay-Trouin contre nos ennemis sur toutes les mers. De 1695 à 1711, il soutint l'honneur de la France dans des combats glorieux, tant contre les Portugais et les Espagnols que contre les Anglais et les Hollandais.

Déjà on le considérait dans le monde naval comme le plus grand homme de mer de son temps, lorsque sa célèbre expédition de Rio-Janeiro vint consacrer définitivement cette réputation méritée.

La flotte du Brésil avait déjà réussi plusieurs fois à éviter la rencontre du vaillant marin. Mais Duguay-Trouin, fatigué de cette situation expectante, résolut enfin d'aller la chercher au point même d'où elle partait chaque année pour se rendre en Europe. Le 3 juin 1711, il appareilla pour Rio-Janeiro, capitale des colonies portugaises, avec sept vaisseaux de guerre, huit frégates et deux galiotes à bombes. 5700 hommes composaient les états-majors, les équipages et les troupes de débarquement.

Après une traversée de cent jours, l'escadre mouilla en vue de Rio-Janeiro, le 12 septembre 1711. Dès le lendemain, elle força l'entrée de la baie sous le feu des batteries ennemies. Après le débarquement des troupes, le 20 septembre, Duguay-Trouin fit une sommation au gouverneur de rendre la place. Ce dernier refusa dédaigneusement. L'assaut fut alors décidé pour le lendemain au point du jour; mais les assiégés, pendant la nuit, avaient gagné les montagnes, en sorte que les Français firent leur entrée dans la ville sans rencontrer de résistance.

Une fois dans l'enceinte, Duguay-Trouin s'y fortifia, puis envoya aux habitants, campés en dehors, un parlementaire chargé de leur proposer le rachat de leur propre cité, sous peine, en cas de refus, de la voir rasée et détruite. Après quelques pourparlers, il fut convenu que, moyennant 610.000 cruzades, 5.000 caisses de sucre et des bestiaux en grand nombre, la ville serait rendue aux habitants. Dès le 13 novembre, Duguay-Trouin remit à la voile pour revenir en France.

Cette étonnante expédition, qui fut du reste la digne clôture de l'ère navale du règne de Louis XIV, couronna glorieusement les exploits de l'héroïque marin.

Après la paix d'Utrecht, Duguay-Trouin se retira définitivement à Saint-Malo. Ce n'est qu'en 1732 que ses infirmités le contraignirent à aller se faire soigner à Paris, où il mourut à l'âge de 63 ans.

Er. Richa.

C. CHARIER, éditeur à Saumur.

SUFFREN *(1726-1788)*

Suffren de Saint-Tropez, plus connu sous le nom de Bailli de Suffren, fut un marin de grand mérite. Il naquit en 1726 au château de Saint-Gannat près de Lambesc (Bouches-du-Rhône).

Il passa toute son existence à combattre les Anglais. A l'âge de 17 ans, il fit plusieurs campagnes en qualité de garde-marine. Nommé enseigne de vaisseau en 1748, il assista au combat de Belle-Isle, où il fut fait prisonnier par les Anglais, qui le retinrent jusqu'au traité d'Aix-la-Chapelle.

En 1754, il rentra dans la marine royale, et suivit l'escadre de La Galissonnière en 1756 jusque sous les murs de Mahon, dont la prise est un des faits d'armes les plus extraordinaires de cette époque. Capitaine de frégate en 1767, capitaine de vaisseau en 1772, il entreprit dans les mers du Levant et sur les côtes d'Amérique plusieurs croisières heureuses.

Sa campagne de l'Inde mit le comble à la gloire de Suffren ; et, comme le dit le comte de Las Cases, « il ouvrit une scène nouvelle à nos armes et fit dans ces contrées des prodiges qu'on n'a pas assez appréciés en Europe. Ce furent immédiatement des actes et des mœurs de commandement inconnus jusque-là ; prenant tout sur lui, osant tout, imaginant tout, prévoyant à tout ; démontant ses capitaines au besoin, nommant ses officiers, équipant et faisant combattre des vaisseaux condamnés depuis longtemps ; trouvant un hivernage sur les lieux mêmes, dans l'Inde, quand la routine voulait qu'on fût le chercher à douze ou quinze cents lieues de là, à l'île de France... Enfin, on le vit s'approcher de la côte, embarquer des soldats qui avaient combattu la veille, aller battre avec eux l'escadre anglaise, et les reporter le lendemain à leur camp pour qu'ils puissent combattre de nouveau. Aussi notre pavillon prit-il, tout à coup, une supériorité qui dérouta l'ennemi ! »

Le 17 février 1782, à la tête de son escadre et de celle du comte d'Orvès, dont la mort lui laissa le commandement, il écrasa la flotte de l'amiral Hughes à la hauteur de Madras. Puis, ayant conclu une alliance avec le nabab Haïder-Ali, il battit de nouveau les Anglais dans plusieurs combats glorieux à Négapatam et à Trinquemale dont il s'empara, et maintint ainsi la supériorité de nos armes, jusqu'à la conclusion du traité de Versailles en 1783.

Cette célèbre expédition fut la dernière de Suffren : il fut tué en duel par le prince de Mirepoix, vers la fin de l'année 1788.

Ce vaillant marin avait le don de se faire aimer de ses hommes. Il les électrisait par son exemple, de même qu'il stimulait leur héroïsme par des paroles entraînantes. Un jour, au plus fort de l'action, voyant son pavillon amené par accident, il s'écria: « Des pavillons blancs ! Couvrez mon vaisseau de pavillons blancs ! » Aussitôt les matelots s'élancent et grimpent dans les haubans, sans souci des balles qui sifflent, et déploient de nouveaux drapeaux qui flottent au vent.

Voici le portrait que nous en donne M. Hennequin : « Suffren était d'une taille ordinaire, mais d'un embonpoint extrême. La régularité de ses traits donnait à sa physionomie un aspect noble et gracieux. Ses manières, aisées et polies avec ses égaux, devenaient douces et affectueuses pour ses inférieurs. Personne n'était plus affable ni plus simple que lui ; on l'a vu souvent s'entretenir familièrement avec ses matelots ; aussi la confiance qu'il était parvenu à leur inspirer allait-elle jusqu'à l'enthousiasme. »

Napoléon lui même ne cachait pas son admiration pour Suffren quand il disait : « Pourquoi cet homme n'a-t-il pas vécu jusqu'à moi ! j'en eusse fait notre Nelson ! »

Er. Richa.

C. CHARIER, éditeur à Saumur.

LE " VENGEUR " (*1794*)

La France en 1794 était menacée de la famine. A la diligence du Comité de salut public, un grand convoi de grains et de vivres, venant des Etats-Unis, était en route pour Brest. Certaines villes étaient déjà dans la plus profonde détresse; aussi le convoi portait avec lui le salut et la vie de plusieurs millions de citoyens. La route qu'il devait suivre avait été signalée en Angleterre en même temps qu'en France. Il se trouva que les deux pays armèrent leurs flottes respectives, l'un pour assurer l'arrivée dans nos ports du précieux convoi, impatiemment attendu, l'autre pour lui en interdire l'accès. Ce convoi était escorté par le contre-amiral Vanstabel dont les forces étaient trop faibles pour lutter contre les croisières anglaises.

Une flotte de 26 navires, commandée par Villaret-Joyeuse, sortit enfin de Brest, le 28 mai 1794. Elle était composée de marins improvisés, volontaires, paysans qui suppléaient à leur ignorance maritime par un ardent patriotisme et un grand enthousiasme. Aussi, quoi de plus émouvant que de voir cette escadre novice, et à laquelle il fallait en naviguant apprendre les manœuvres nautiques, s'en aller fièrement porter un défi énergique à ces vétérans de la mer, commandés par lord Howe à la tête de 26 vaisseaux et 12 frégates.

A peine la flotte sortait-elle du goulet de Brest, qu'elle rencontra l'escadre anglaise. Jean-Bon Saint-André donna aussitôt le signal du branle-bas. Dans ce premier engagement les Français conservèrent l'avantage; mais un épais brouillard vint contrarier le mouvement de nos vaisseaux et nous enlever la victoire.

La journée du lendemain, 1er juin, fut extrêmement fatale pour nos armes, malgré l'héroïsme de nos marins : les vaisseaux le *Vengeur* et le *Terrible* furent coulés; d'autres désemparés. La flotte anglaise avait beaucoup souffert; mais, ayant l'avantage du vent, elle avait résisté, grâce surtout à sa supériorité numérique. Le but pourtant avait été atteint par ce combat sanglant et glorieux : le convoi de grains et de subsistances, occupant 116 navires, avait pu passer et parvenir à Brest.

C'est à la fin de cette terrible journée que se produisit l'héroïque épisode du vaisseau le *Vengeur*, consacré par la tradition nationale.

Le *Vengeur*, démâté et l'eau pénétrant par les soutes, s'enfonçait progressivement dans le gouffre. Il approchait sensiblement du moment où la mer allait l'engloutir ; la canonnade ennemie avait entr'ouvert ses flancs et réunissait la double horreur d'un naufrage certain et d'un combat à mort. Mais ce vaisseau était monté par des hommes qui avaient reçu cette intrépidité d'âme et cet amour de la patrie qui font braver le danger et mépriser la mort.

Les vaisseaux anglais cernent le *Vengeur* et vomissent sur l'héroïque navire une pluie de fer et de feu ; des mâts rompus, des voiles déchirées, les membrures du vaisseau couvrent la mer. Tant de courage, tant d'efforts surnaturels vont-ils donc devenir inutiles ?

Tout à coup le tumulte du combat, les cris de douleur des blessés cessent de se faire entendre ; tous les marins se serrent contre le seul mât que surmonte le pavillon national. Ils refusent de se déshonorer par la capitulation, et dans une dernière étreinte héroïque ils se laissent engloutir sous les ondes au cri mille fois répété de : Vive la France !

En. Richa.

C. CHARIER, éditeur à Saumur.

DUBOURDIEU *(1773-1811)*

Dubourdieu naquit à Bayonne en 1773. Il débuta comme matelot à l'âge de 16 ans ; mais, grâce à son talent et à ses vertus militaires, il s'éleva rapidement au grade de capitaine de vaisseau, et plus tard fut nommé officier de la Légion d'honneur.

En 1792, il fit les campagnes de Naples et de Cagliari.

En 1793, il fut fait prisonnier par les Anglais, après la prise de Toulon.

Le fait capital de sa vie fut son audacieuse évasion des pontons de Gibraltar, qu'il accomplit dans des circonstances mémorables ; c'était au début de la carrière du vaillant marin, en 1796.

Une nuit, Dubourdieu rassemble une dizaine de ses compagnons d'infortune, choisis parmi les plus hardis. Il leur parle d'un projet d'évasion pour la réussite duquel il ne manque que de l'entente et de la décision : « Suivez mes conseils, leur dit-il, et je réponds de tout. »

A la faveur de l'obscurité profonde, il se laisse tomber doucement à la mer par un sabord dont il a scié le barreau avec un ressort de montre. Il nage sans bruit vers une chaloupe mouillée à quelques brasses du ponton, la ramène avec mille précautions pour ne pas éveiller l'attention des sentinelles, et embarque ses vaillants compagnons de captivité.

Mais voilà, ce frêle esquif était insuffisant pour rentrer en France ; il fallait mieux. Alors, Dubourdieu désignant un des plus gros transports mouillés dans la rade : « Mes amis, leur dit-il, vous apercevez tout près ce bâtiment ? Eh bien, nous allons nous en emparer ! Il est gardé, c'est vrai ; nous n'avons pas d'armes, mais prenez vos avirons et frappez dur ! » Dubourdieu, suivi de quatre camarades résolus, saute sur le pont en un clin d'œil. Aussitôt, saisissant une hache, et avant de donner aux Anglais le temps de la réflexion, il se présente au capitaine, qui se réveille en sursaut, hypnotisé à la vue du terrible instrument menaçant sa nuque. « Ecoute ! lui dit-il, nous allons appareiller. En passant devant les bâtiments de guerre, tu ne signaleras pas notre présence, car si tu nous dénonces tu es mort ! »

L'Anglais, comprenant sans doute qu'il avait plus à gagner qu'à perdre à résister aux ordres de son interlocuteur inattendu, obtempéra à ses désirs. Douze jours après, les habitants de Lorient ne furent pas peu étonnés de voir Dubourdieu et ses compagnons entrer triomphalement dans le port sur le transport anglais *Temple*, armé de 10 canons !

En 1802, envoyé en Amérique, il engagea plusieurs combats avec les Anglais pour la défense des Antilles. C'est pendant cette campagne qu'il fit preuve d'un dévouement héroïque en rade de Saint Pierre à la Martinique.

En 1810, il reçut l'ordre de se rendre à Milan et de se mettre à la disposition du prince Eugène, qui lui donna le commandement des forces navales réunies à Ancône.

En 1810, les Anglais ayant établi des comptoirs à Lissa, dans une île d'un archipel de l'Adriatique, Dubourdieu fut chargé d'aller les détruire. Le 23 octobre, il força l'entrée de la rade, captura dans le port douze corsaires anglais et un grand nombre de bâtiments de commerce, brûla tous les établissements, fit 300 prisonniers et rentra triomphalement à Ancône. Il revint immédiatement en France et retourna aussitôt occuper l'île définitivement, lorsqu'il rencontra l'escadre anglaise qui avait comme mission d'empêcher le débarquement. Dubourdieu entraînait les hommes à l'abordage et, brandissant son épée, il leur criait : « Courage, courage, mes enfants, sus aux Anglais ! » lorsqu'un biscaïen le frappa mortellement en pleine poitrine. Il avait 38 ans.

Er. Richa.

C. CHARIER, éditeur à Saumur.

DUPETIT-THOUARS (*1760-1798*)

Aristide Dupetit-Thouars est né en 1760 au château de Boumois, près de Saumur. Dès son plus bas âge la vocation de marin avait pour lui un attrait irrésistible. En 1778, il fut enfin nommé garde de marine. Le 27 juillet de la même année il assista, sur le *Fendant*, au fameux combat naval d'Ouessant, livré par le comte d'Orvilliers à l'amiral Keppel. En 1779, il était à la prise du fort Saint-Louis au Sénégal. Il passa ensuite aux Antilles, puis à Saint-Domingue, où il resta trois ans à étudier les mœurs et les usages du pays et à explorer les côtes. En 1790, Dupetit-Thouars, apprenant le naufrage de Lapérouse et de ses compagnons, conçut le projet d'aller à la recherche de l'infortuné navigateur. Il sollicita du ministre de la marine le commandement d'un bâtiment de l'Etat. Mais, malgré ses pressantes sollicitations, le gouvernement fut sourd à son appel. Le vaillant marin ouvrit alors une souscription privée, et vendit ses propres biens et ceux de son frère Aubert qui s'était attaché à son entreprise. Tout leur patrimoine y passa : L'Assemblée nationale finit pourtant par voter une gratification de 10.000 francs pour subvenir aux frais de son armement. Au mois d'août 1792, son frère et lui appareillèrent à Brest, à bord du *Diligent*. Au moment de partir, un délégué du Comité de salut public mit Aubert en état d'arrestation. Il était accusé de s'être refusé à déposer son brevet et sa croix de Saint-Louis à la municipalité de Saumur. Aristide, croyant à un malentendu, n'en partit pas moins en lui disant : « Rejoins-moi par le premier navire à l'île de France. A bientôt ! » L'insuccès de l'expédition ne permit pas aux deux frères de se revoir. Aristide Dupetit-Thouars rentra en France trois ans après.

En 1798, il prit part à la campagne d'Egypte en qualité de capitaine de vaisseau. On lui donna le commandement du *Franklin*, puis du *Tonnant*, vaisseau de 80 canons. Le 1er juillet, il mouillait devant Alexandrie, et allait s'embosser dans la rade d'Aboukir. C'est là que Nelson, le célèbre amiral anglais, finit par rencontrer la flotte française le 1er août 1798.

L'action s'engagea à cinq heures du soir. Dupetit-Thouars augurait mal de l'issue de la bataille, et s'en ouvrit au vice-amiral Brueys, qui persista dans sa résolution de combattre à l'ancre. Le *Tonnant* était chargé de soutenir le vaisseau-amiral. Bientôt il contraignit le *Bellérophon* à amener son pavillon, coula le *Majestic*, tua son capitaine et mit hors de combat deux cents matelots. Soudain, un incendie se déclare sur *l'Orient*, que les Anglais abandonnent pour porter leurs efforts contre le *Tonnant*. La canonnade redouble d'intensité; les ennemis lancent plus de 80 boulets à la minute sur le pont du vaisseau français ! Dupetit-Thouars tient bon, lorsqu'un boulet lui enlève la jambe droite : « Camarades ! au feu ! » s'écrie-t-il. Un second projectile lui coupe la jambe gauche. « Camarades, continuez le feu ! continuez le feu ! » Un troisième boulet lui arrache un bras : « Feu ! feu partout ! » Et il tombe, baigné dans son sang. Mais ce malheureux mutilé qui n'a plus forme humaine trouve encore la force de se faire mettre dans un baquet de son. La vie s'écoule à grands flots de ce tronçon d'homme. « Ecoutez ! braves marins, crie-t-il épuisé, jurez-moi de ne pas amener mon pavillon ! Promettez-moi de couler bas plutôt que de vous rendre. » Puis, réunissant ce qui lui reste de souffle, il élève encore la tête pour prononcer dans un dernier murmure le nom de sa patrie !... Le héros s'affaissa et rendit le dernier soupir. Il n'avait que trente-huit ans.

Er. BICHA.

SURCOUF *(1773-1827)*

Surcouf fut le plus intrépide corsaire de son temps. Né à Saint-Malo en 1773, il appartenait à une famille de marins. D'un tempérament fougueux et indiscipliné, il manifesta dès le bas âge son goût pour la mer.

Son humeur aventureuse le porta à s'embarquer à dix-sept ans pour les Indes. Plusieurs voyages le conduisirent ensuite à Madagascar et à l'île de France. C'est alors qu'en qualité d'enseigne il obtint le commandement d'un navire de guerre. Il passa quelque temps après sur l'*Emilie*, corsaire de 4 canons et de 30 hommes d'équipage, pour aller chercher des grains aux Séchelles. C'est pendant ce voyage qu'il s'empara successivement de trois navires chargés de bois et de riz, en captura un autre à hauteur de Calcutta, et prit à l'abordage, par ruse, un énorme navire de la Compagnie des Indes. La valeur de ses prises pendant ces différentes campagnes s'élevait à 1.700.000 francs.

En 1798, il recommença une nouvelle expédition dans la mer des Indes sur le corsaire la *Clarisse*. Il s'empara à nouveau de nombreux navires dont les riches cargaisons rapportèrent à l'armateur malouin un butin considérable. En 1799, il se rendit à l'île de France où il monta la *Confiance*, navire armé de 8 canons, avec 120 hommes d'équipage. Il alla croiser ainsi sur les côtes du Bengale lorsque, un beau jour, il rencontra sur sa route un des plus forts vaisseaux de la Compagnie des Indes, le *Kent*, jaugeant 1500 tonneaux et de 400 hommes d'équipage.

Le malouin ne se laissa pas décontenancer par l'apparition de ce colosse. « Mes amis, ouvrez l'œil, nous allons aborder l'Anglais ;... j'accorde une heure de pillage pour tout ce qui n'est pas cargaison ! »

Un grondement sourd, symptôme de joie concentrée chez les matelots de Surcouf, accueillit cette promesse de butin ; on n'eût pas dit à voir ces braves marins, tranquilles à leur poste, qu'un si épouvantable carnage se préparait !

Le capitaine Rivington, commandant le *Kent*, avant de commencer le feu, fit monter les dames passagères sur la passerelle et leur dit fort gracieusement : « Venez voir, Mesdames, comment on coule un français ! » Plusieurs bordées affleurèrent à peine le pont de la *Confiance*. Surcouf ne répond pas ; mais, comme le lion qui regarde en face son ennemi avant de prendre son élan, il semble se recueillir ; puis, profitant d'une manœuvre qui met à découvert par bâbord son redoutable adversaire, il se jette sur lui et se cramponne à ses flancs. Aussitôt, nos hardis marins envahissent le pont du *Kent*, refoulant tout devant eux, pendant que les gaillards du navire anglais craquent sous l'effort des boulets et de la mitraille. Les Anglais se réfugient dans l'entrepont et s'y barricadent. Peine inutile !

« Rendez-vous, leur crie Surcouf de sa voix de stentor, ou je vous coule ! »

Il fallut bien céder ! les Anglais savaient par expérience que le terrible marin ne badinait pas. Treize hommes tués et quarante-cinq mis hors de combat, tel fut, avec la perte du navire anglais, le bilan de cette rencontre.

La Compagnie des Indes, après de telles épreuves, mit à prix la capture du célèbre corsaire. Elle promit 250,000 francs à l'équipage qui capturerait Surcouf.

Rien n'y fit, il brûla ou coula encore plus de 50 navires aux Anglais.

Surcouf de retour à Saint-Malo s'y maria et pensa à s'y fixer définitivement.

Cependant en 1809, las d'une si longue inaction, il fit un dernier voyage et partit pour les Indes. Surcouf, à son retour, ne reprit plus la mer, mais il équipa de nombreux corsaires à ses frais ; il se livra jusqu'à sa mort à de vastes entreprises commerciales et devint un des plus riches armateurs de France. Il mourut le 8 juillet 1827.

Er. Richa.

C. CHARIER, éditeur à Saumur.